THIS NOTEBOOK BELONGS TO

____

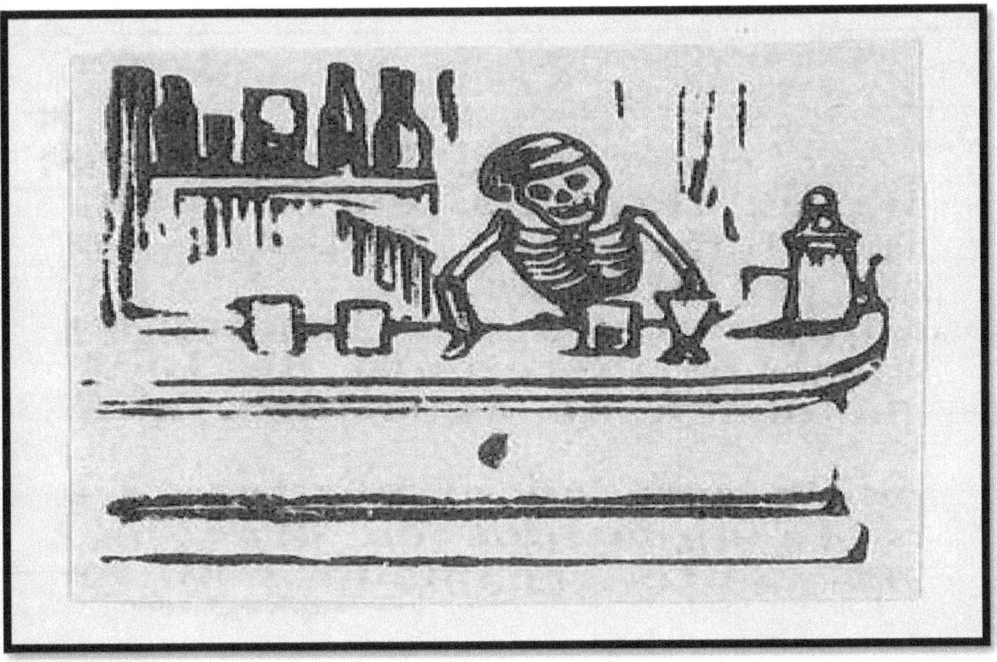

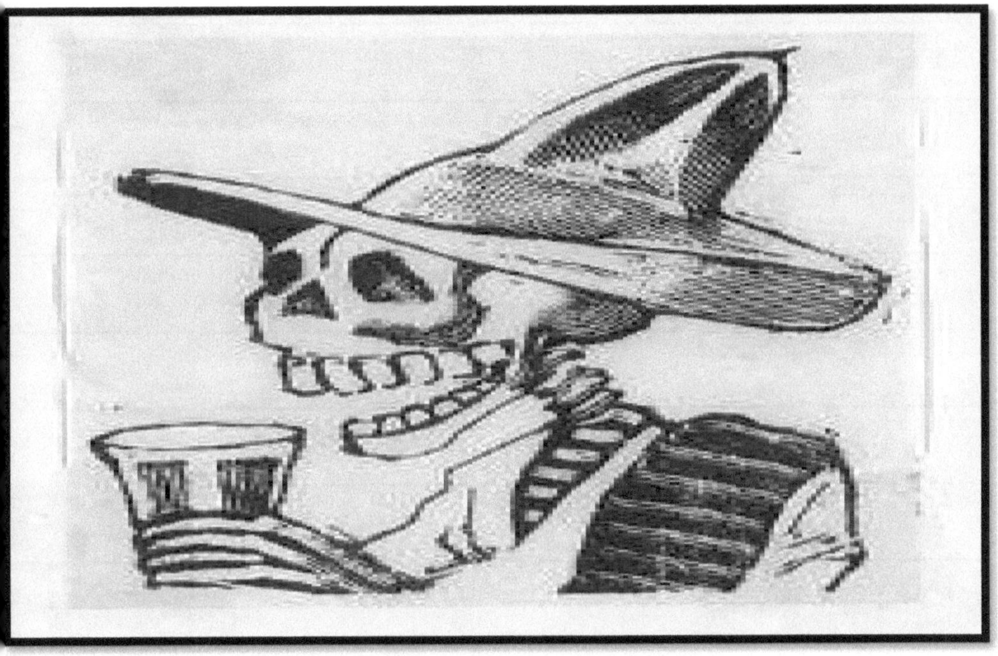

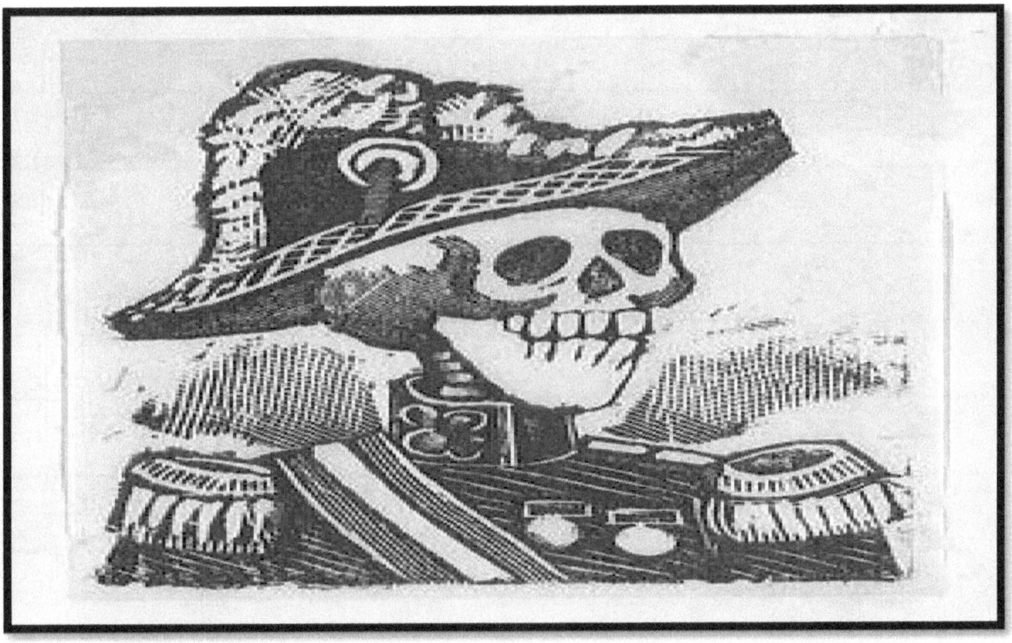

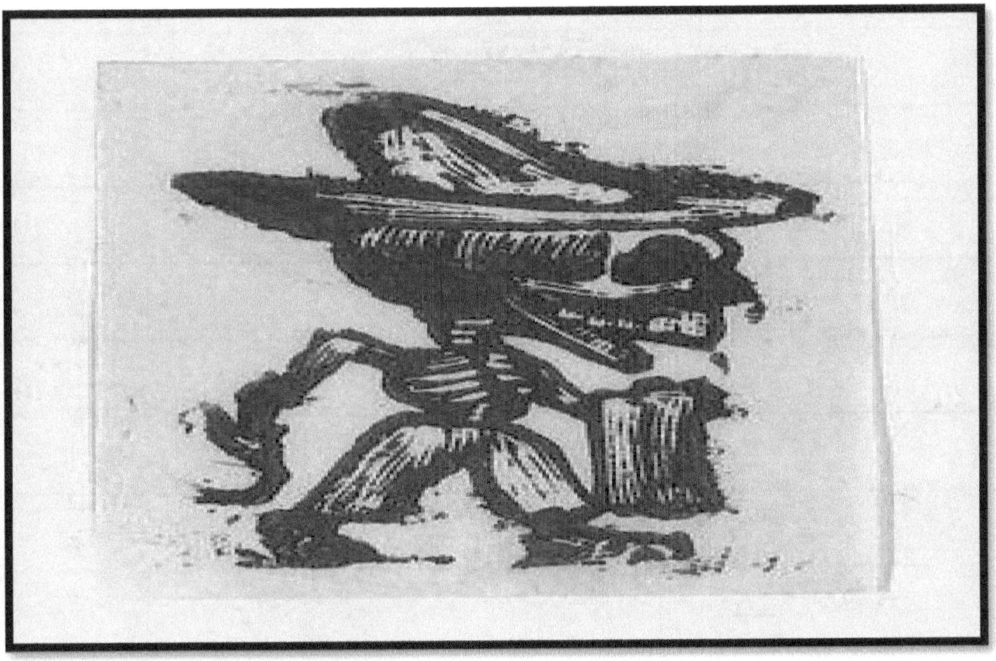

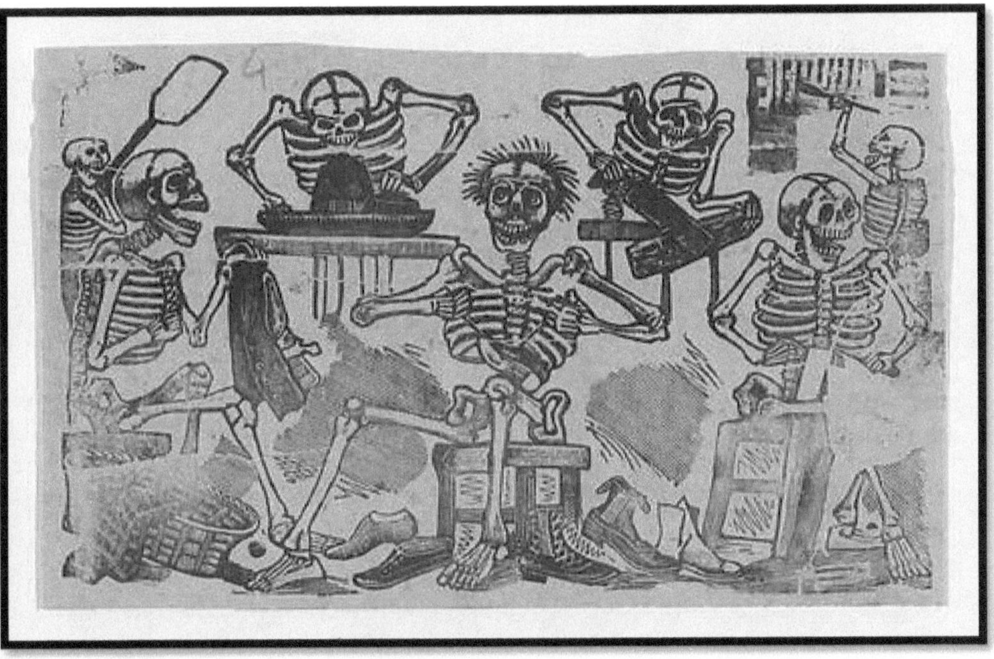

www.ingramcontent.com/pod-product-compliance
Lightning Source LLC
Chambersburg PA
CBHW030707220526
45463CB00005B/1941
* 9 7 8 1 6 9 9 4 6 7 4 1 1 *